LA FÊTE DES LUMIÈRES EN JAVA (DIWALI)

Les contes de Codage avec Crayon et du Papier pour les Enfants de 10+ Ans

AF289989

Autrice et Illustratrice: Yeeshtdevisingh Hosanee

Droit d'auteur

En vertu de la Convention de Berne, ce livre publié en France est protégé par le droit d'auteure dans tous les pays membres de la Convention de Berne. De plus, la Loi française sur le droit d'auteur, y compris son Ordonnance sur le droit d'auteur ou d'autrice international, assure une protection complète tant au niveau local qu'international. Tous droits réservés. Le droit de Yeeshtdevisingh Hosanee d'être identifiée comme auteure de cet ouvrage a été affirmé par elle. Aucune partie de cette publication ne peut être reproduite sous aucune forme, stockée dans un système de récupération, copiée sous aucune forme ou par aucun moyen, électronique, mécanique, photocopie, enregistrement ou autrement transmise sans permission écrite de l'éditeur. "Partie" signifie les couvertures, le contenu, la mise en page, les structures, les codes de programmation (textes) et les images présentées dans ce livre. L'utilisation ou l'altération des images du livre, y compris les changements de couleurs ou de formes, est strictement interdite. À des fins de citation et de référencement, les idées exprimées peuvent être citées et référencées en incluant les détails de publication tels que le nom de l'auteure, le nom de l'éditeur, le titre du livre, le numéro ISBN et la date de publication. Si des phrases complètes sont utilisées dans le texte cité qui incluent les détails de publication, la phrase complète doit être citée. Vous ne devez pas diffuser ce livre sous quelque format que ce soit. Les informations contenues dans ce livre sont fournies à titre de matériel de référence générale et à des fins éducatives uniquement et ne remplacent pas les conseils professionnels. Par conséquent, avant de prendre toute action, à l'exception de la pratique des codes sur papier ou ordinateur, basée sur les exemples ou les informations contenues dans le livre, nous vous encourageons à consulter un professionnel approprié.

L'UTILISATION DES INFORMATIONS CONTENUES DANS CE LIVRE SE FAIT UNIQUEMENT À VOS PROPRES RISQUES

© Yeeshtdevisingh Hosanee, 2024

Autrice et Illustratrice (couverture et interieure): Yeeshtdevisingh Hosanee

Édition : BoD · Books on Demand GmbH, In de Tarpen 42, 22848 Norderstedt (Allemagne)

Impression : Libri Plureos GmbH, Friedensallee 273, 22763 Hamburg (Allemagne)

ISBN: 978-2-3224-7885-9

Dépôt légal : Novembre 2024

Loi n°49-956 du 16 juillet 1949 sur les publications destinées à la jeunesse, modifiée par la loi n°2011-525 du 17 mai 2011.

Remerciements

L'auteure exprime sa gratitude à sa famille et à ses amis pour leur soutien indéfectible tout au long de son parcours d'écriture. Elle remercie également BoD pour leur collaboration rapide et efficace. De plus, elle exprime sa reconnaissance à tous les parents, enfants et lecteurs de ce livre pour leur soutien.

Une pensée spéciale pour les lecteurs

Chers Parents, Enfants et Lecteurs,

Ce livre a été écrit dans le but d'encourager les compétences numériques pour la prochaine génération d'enfants (La generation Z et Alpha). La programmation informatique, également connue sous le nom de codage, est l'une de ces compétences numériques nécessaires aujourd'hui et à l'avenir. Par conséquent, je suis heureuse de partager mes pensées créatives à travers ce livre pour offrir un aperçu à nos futurs leaders, qui sont actuellement nos petits bébés et enfants.

De conséquence, un bébé, lorsqu'il naît, découvre le monde de la nature, de la société et des machines. Ce monde, qui n'est pas toujours parfait, fait partie de sa croissance. À travers ce voyage imparfait, les enfants développent la résilience, le bonheur et deviennent plus forts en construisant de meilleures compétences de raisonnement abstrait, également connues sous le nom de compétences mentales.

Aujourd'hui, le codage est un processus qui stimule le développement de ces compétences de pensée mentale. Le codage en tant que processus est largement enseigné aux enfants dans le monde entier pour les doter du bon ensemble de compétences mentales afin de devenir de grands leaders numériques de demain.

Par conséquent, j'espère que ce livre non fictionnel, en tant que pionnier dans la littérature enfantine, élargira les compétences de raisonnement des enfants. Les parents sont encouragés à utiliser le livre pour raconter des histoires. Les exemples de DIWALI fournis sont destinés uniquement à des fins éducatives. Ces exemples peuvent ne pas adhérer strictement aux pratiques culturelles réelles. Les parents sont encouragés à adapter ces exemples pour qu'ils correspondent à leurs propres traditions et cultures.

En tant qu'une fille, la programmation ou le codage n'était pas facile pour moi. Cependant, cet ouvrage permet à tous de mieux se préparer à communiquer avec les machines, afin que nous puissions comprendre les dangers et les bénéfices des machines.

Merci d'avoir acheté ce livre unique.

Cordialement,

Y. Hosanee

Table De Matières

ANECDOTE

Les humains autant que les machines possèdent leurs propres styles en linguistique et en communication!

1. Une introduction sur la DIWALI

DIWALI, également connu sous le nom de Festival des Lumières, est l'un des festivals les plus importants et les plus célébrés. Il est principalement observé par les communautés hindoues dans le monde entier. Cependant, avec les avancées de la technologie et le développement économique au niveau mondial, l'esprit festif de Diwali a également touché des communautés non hindoues dans certaines régions géographiques du monde. Dans ces régions, des personnes de divers horizons apprécient maintenant l'atmosphère paisible, admirant les décorations artistiques, les vêtements traditionnels, les coutumes et le partage de cadeaux ou de sucreries. Ce sentiment partagé favorise une cosmologie humaine avec une cadence harmonique. En conséquence, ce sentiment crée une merveilleuse cohésion sociale qui est ressentie parmi diverses communautés humaines. Ainsi, dans ces régions, cette cohésion sociale contribue à l'expansion des environnements économiques avec des paysages technologiques plus larges.

Actuellement, dans différents environnements géographiques et culturels ou régions du monde, le mot "Diwali" est nommé différemment. Les variations incluent "Divali", "Deepavali", "Deepabali" et "Tihar". Cette liste n'est pas exhaustive. Il existe d'autres variations dans le monde. Les termes "Diwali" et "Divali" sont couramment utilisés pour désigner le festival célébré dans différentes parties du monde. Dans le sud de l'Inde, le festival est connu sous le nom de "Deepavali", un terme utilisé dans plusieurs langues du sud de l'Inde. Dans l'ouest du Bengale, le terme utilisé est "Deepabali". Au Népal, le festival est observé comme "Tihar", une célébration avec ses propres traditions et rituels uniques, distincts mais partageant des similitudes avec Diwali. Ces terminologies sont principalement utilisées dans ces régions, mais pas exclusivement. Malgré ces variations régionales dans les noms ou le contenu linguistique, les coutumes culturelles de base et l'accent mis sur la promotion d'un environnement paisible restent sémantiquement cohérents à travers différentes régions géographiques. Cependant, ces différents noms, qui font également partie du contenu linguistique, reflètent les cultures diverses avec des styles linguistiques et de communication régionaux différents.

2. Le STYLE LINGUISTIQUE et COMMUNICATION des humains

Le style linguistique de l'humain fait référence aux choix spécifiques et à leurs motifs dans le contenu des langues parlées et écrites, tels que le vocabulaire ou la grammaire (syntaxe) d'un mot particulier dans une langue. Le style de communication de l'humain, quant à lui, implique les méthodes et formes plus larges utilisées pour exprimer et transmettre ces contenus linguistiques (c'est-à-dire les mots). Ces méthodes sont connues sous le nom d'expression linguistique (c'est-à-dire les mots dans les textes ou les images). Par exemple, l'utilisation de différents vocabulaires pour DIWALI, tels que DIVALI, DEEPAVALI, DEEPABALI et TIHAR, dans diverses régions reflète le style linguistique régional en termes de contenu linguistique. Les canaux par lesquels ces contenus linguistiques sont communiqués, qu'ils soient verbaux ou non verbaux, sont des aspects du style de communication de l'humain. Verbalement, cela peut être l'utilisation de ces vocabulaires DIWALI dans le discours textuel et non verbalement, cela peut être la représentation de DIWALI à travers des graphismes d'image. Le discours textuel et les graphismes d'image sont deux types de modalités de communication qui correspondent à deux exemples de styles de communication. Les vocabulaires DIWALI, tels que DIVALI, DEEPAVALI, DEEPABALI et TIHAR, sont des exemples de contenus linguistiques qui varient en termes de styles linguistiques dans différentes régions géographiques.

La communication verbale de l'humain implique généralement l'utilisation de méthodes vocales ou de muscles vocaux qui transmettent des messages vocaux. La communication non verbale de l'humain, quant à elle, peut prendre diverses formes symboliques, y compris les graphismes, l'éclairage de lampes, la danse, la musique et le langage corporel. Chacun des canaux de communication verbaux et non verbaux a son propre ensemble de règles pour contribuer au style de communication global pour exprimer et transmettre un contenu linguistique d'un langage en particulier.

Pendant les célébrations de Diwali, les styles linguistiques et de communication sont renforcés par les humains. Le festival met l'accent sur l'importance des prières, du respect des aînés et des travailleurs, et de la prospérité des jeunes enfants. Les temples jouent un rôle crucial pour améliorer les styles linguistiques et de communication, en offrant des prières qui enseignent aux enfants à respecter leurs aînés et encouragent les adultes à maintenir un esprit spirituel paisible. Au sein de ces temples, les contenus linguistiques promeuvent le style linguistique à travers l'utilisation de prières traditionnelles et d'histoires racontées dans une langue régionale parlée.

Cela aide à préserver le patrimoine culturel et la diversité linguistique. Pour exprimer le contenu linguistique de ces prières et histoires en termes de style de communication, divers canaux de communication sont utilisés. Ceux-ci incluent des microphones pour transmettre le contenu linguistique des prières verbales et des récits, ainsi que des démonstrations humaines pour montrer des expressions non verbales telles que l'allumage de lampes. Ces styles de communication garantissent que les riches aspects culturels et spirituels de Diwali sont efficacement partagés et célébrés par tous les participants.

Cependant, la société et le festival de Diwali ont évolué en termes d'interactions humaines entre les personnes et les produits (par exemple, les lampes) dans leurs environnements. À mesure que plus d'interactions se produisent dans ces environnements, les styles linguistiques (contenu linguistique) et de communication (expression linguistique) humains ont également évolué. Cette évolution est due à l'intégration des machines, qui coexistent maintenant avec les humains, créant un réseau fluide entre les personnes et leurs environnements. Dans la section suivante l'exploration en détail sur la co-existence des humains et des machines.

3. La CO-EXISTENCE des HUMAINS et des MACHINES

Les personnes provenant de milieux sociaux, régionaux, économiques et culturels différents présentent des styles linguistiques et de communication différents, bien qu'elles partagent la même idéologie pacifique de DIWALI. Pour renforcer cette idéologie de manière fluide et harmonieuse, des technologies numériques existent aujourd'hui afin de connecter à la fois les HUMAINS et les MACHINES. Ces technologies numériques agissent comme un hybride entre le monde physique et virtuel.

Le monde physique fait référence à la planète Terre où vivent les humains, et les technologies numériques, connues sous le nom de machines ou dispositifs matériels, font partie intégrante de cet environnement. Dans le monde physique, l'existence de machines sous forme de dispositifs électroniques est nombreuse. Ces dispositifs varient en taille, des ordinateurs plus grands aux appareils plus petits comme les téléphones mobiles et les tablettes, qui jouent tous un rôle important dans notre société.

Le monde virtuel, quant à lui, est créé par des machines et se compose de solutions logicielles. Contrairement aux humains qui existent principalement dans le monde physique (monde réel) mais interagissent également avec le monde virtuel, les machines vivent à la fois dans un monde virtuel (numérique) et un monde physique. Ces machines fournissent le canal permettant aux humains de se connecter à distance à travers l'espace et le temps.

> *La question se pose: comment pouvons-nous intégrer efficacement les technologies numériques dans nos environnements pour apporter plus de cohésion sociale et culturelle à nos communautés? Comment pouvons-nous entretenir ces machines numériques et les incorporer dans notre*

*environnement, en formant des communautés intégrées composées d'humains
et de machines, mais avec moins d'impacts environnementaux?*

La réponse est que "les humains et les machines doivent trouver un moyen de se comprendre mutuellement". Cela peut être expliqué davantage à travers les styles linguistiques et de communication entre les humains et les machines.

Eh! Oui ! Les machines communiquent avec les humains et entre elles également. Ironiquement, elles instruisent les humains sur la manière de parler et de communiquer avec elles, plutôt que l'inverse.

Tout comme les humains utilisent différents contenus linguistiques dans diverses langues pour transmettre le sens de Diwali avec des vocabulaires tels que "Divali", "Deepavali", "Deepabali" et "Tihar", chacun différant dans les langues régionales comme le hindi, le tamoul, le bengali ou le népalais, de même, les machines communiquent à travers divers contenus linguistiques avec différents vocabulaires dans différents langages de programmation tels que le Python, Java ou C++.

Tout comme les humains promeuvent les différents contenus linguistiques sous forme de chansons, de danses ou de lampes, les machines expriment également leurs contenus linguistiques sous forme de dispositifs d'entrée et de sortie. Les dispositifs d'entrée tels qu'un clavier ou une souris d'ordinateur transmettent les contenus linguistiques humains sous forme de demande. Ce dernier est nécessaire pour que la machine comprenne les besoins de l'humain. Un dispositif de sortie tel qu'un écran d'ordinateur ou un casque permet à la machine de répondre à l'humain dans un contenu linguistique humain. Cela permet à l'humain d'interpréter la réponse de la machine.

Cette interaction bidirectionnelle garantit que les humains et les machines peuvent se comprendre et interagir efficacement, comblant ainsi le fossé entre le monde physique et virtuel.

4. Les DIFFÉRENCES D'INTERACTION ENTRE L'HUMAIN ET LA MACHINE

Contrairement aux humains, qui peuvent utiliser activement leurs muscles vocaux pour exprimer des styles de communication tels que "crier" et "hurler" pour transmettre leurs contenus linguistiques selon leurs styles linguistiques, les machines n'ont pas la même capacité à parler. Les machines s'appuient sur le texte écrit pour interpréter les contenus et expressions linguistiques. Elles utilisent des dispositifs d'entrée comme le clavier et la souris d'ordinateur pour recevoir les contenus linguistiques des utilisateurs. Ces contenus linguistiques sont connus sous le nom des "commandes" d'une machine. Ces commandes sont lues par les machines pour convertir le contenu linguistique interprété par l'homme en langage interprété par la machine. Les machines utilisent également des dispositifs de sortie comme les écrans d'ordinateur et les imprimantes pour présenter ou afficher le langage interprété par la machine sous une forme interprétée par les humains.

Par exemple, pour que les machines reçoivent des contenus linguistiques textuels, les humains doivent taper ces contenus textuels sur un dispositif d'entrée tel qu'un clavier d'ordinateur afin que les machines reçoivent les textes, les interprètent comme des textes commandés et exécutent les textes commandés sous forme de tâches au nom de l'humain. Cette action humaine de transmission de textes à partir d'un clavier pour commander une machine est connue sous le nom de codage textuel ou programmation textuelle. Cependant, certains outils logiciels permettent aux humains de faire glisser et déposer du texte avec un clic de souris au lieu de taper, ce qui est connu sous le nom de codage visuel. Dans les deux cas de codage textuel et visuel, les machines s'attendent à recevoir un ensemble de textes à interpréter et à exécuter, quel que soit le style de communication (souris ou clavier) utilisé. Ce texte reçu par la machine est une requête transmise par l'humain, et la machine traite cette requête pour réaliser la tâche souhaitée par l'humain.

Pour interpréter la requête transmise par les humains qui contient les contenus linguistiques textuels de la requête, la machine, comme un ordinateur, exécutera ensuite les textes demandés pour construire une réponse. Cette réponse est ensuite renvoyée aux humains dans un langage interprété par l'humain. L'ordinateur peut également communiquer avec d'autres ordinateurs ou machines ou dispositifs électroniques dans différents environnements géographiques, qui sont ensuite interconnectés à distance avec d'autres êtres humains. Ainsi, une série de requêtes et de réponses interconnectées, des humains aux machines, des machines aux machines ou vice-versa et de manière interchangeable parfois, exhibent une culture de coexistence entre les humains et les machines. Ainsi, les humains et les machines forment un lien symbiotique dans le monde, se reliant les uns aux autres dans différentes régions géographiques et contextes.

5. L' introduction au CODAGE (PROGRAMMATION INFORMATIQUE)

Semblables aux humains, qui ont à la fois un style linguistique et un style de communication, les machines présentent également ces caractéristiques. De manière analogue, tout comme les parents enseignent aux enfants à parler une langue pour répondre à leurs demandes, les humains doivent enseigner aux machines comment répondre dans un langage interprété par les humains. Inversement, les machines doivent enseigner aux humains comment envoyer des requêtes dans un langage interprété par les machines. Contrairement aux humains qui peuvent parler de manière autonome, les machines doivent s'appuyer sur des règles liées à la transmission et à la réception de textes à partir des requêtes humaines. Ces règles de transmission et de réception de textes sont connues sous le nom de règles de texte écrit. Par conséquent, les humains et les machines doivent comprendre les règles de texte écrit de chacun pour communiquer efficacement sous forme de requêtes et de réponses.

La co-existence pédagogique entre humains et machines pour un alignement sur les règles de texte écrit se fait à travers la programmation informatique, également connue sous le nom de processus de codage. Lorsqu'un humain transmet un texte sous forme de requête à une machine dans le but de la commander, ce processus est connu sous le nom de programmation ou codage informatique.

L'humain est censé envoyer une requête sous la forme d'un ensemble de règles écrites comprenant des contenus linguistiques tels que des mots, agissant comme un ensemble de textes pour la machine. Comme expliqué précédemment, dans le codage textuel, cette action d'envoi d'une requête par l'humain est réalisée par un processus de frappe au clavier. La machine valide la requête et répond à l'humain, dans le but de réaliser la tâche attendue par l'humain. Cette réponse est délivrée dans un langage que l'humain peut interpréter.

Par analogie dans la vie réelle, en tant qu'humains, nous partageons des histoires, chacun avec notre propre style linguistique avec un ami humain, espérant qu'il ou elle puisse nous comprendre et répondre avec son propre style linguistique et de communication. De même, la machine répond à la requête de l'humain avec ses propres styles linguistiques et de communication, agissant comme un ami-machine pour les humains. L'ami-machine peut communiquer avec d'autres amis-machines et fournir des informations aux humains ou parfois, exécuter les tâches humaines en silence, plutôt que de raconter des histoires à d'autres amis-machines! Haha!

Dans un processus de codage, pour qu'une machine telle qu'un ordinateur réponde au contenu textuel de la requête provenant d'un humain, la machine doit d'abord interpréter le contenu textuel reçu par l'humain, en utilisant sa capacité de style linguistique de machine. La machine répondra à travers son style de communication sur un dispositif de sortie tel qu'un écran d'ordinateur ou des imprimantes.

Deuxièmement, ce contenu textuel reçu doit être exprimé vers la machine par les humains à travers le style de communication de la machine, qui implique des dispositifs d'entrée tels qu'un clavier qui agit comme une expression linguistique pour les machines. Les humains ont la responsabilité de saisir des textes écrits appropriés qui peuvent être interprétés par le style linguistique de la machine. Par conséquent, les humains doivent apprendre ces règles de texte écrit à travers la programmation informatique ou le processus de codage.

Dans ce livre, le langage Java est le facilitateur pour que les humains apprennent les règles écrites en Java pour que les machines interprètent la tâche souhaitée par l'humain. Ainsi, lorsque les humains comprennent et écrivent des contenus en langage Java selon leurs règles écrites, les machines peuvent comprendre les contenus linguistiques envoyés par les humains.

6. STRATÉGIES D'ENSEIGNEMENT adoptées dans ce livre

Les deux étapes précédentes expliquées dans la section précédente dévoilent deux stratégies d'enseignement. Par conséquent, dans ce livre, deux stratégies d'enseignement sont encouragées pour enseigner et apprendre le codage textuel aux enfants âgés d'au moins 8 ans. Ce livre aide également les adultes qui souhaitent apprendre le codage. Ces deux stratégies incluent la stratégie des règles de contenu linguistique et la stratégie de transition d'expression linguistique.

La stratégie des règles de contenu linguistique se concentre sur l'enseignement aux enfants de la construction d'une requête pour qu'un ordinateur l'interprète afin d'exécuter une tâche de DIWALI pour eux. En construisant la requête, les enfants apprennent les règles de contenu linguistique du codage à travers les contenus et le schéma du langage Java. Cela implique d'aider les enfants à comprendre les concepts individuels et les combinaisons de concepts de programmation ou de codage, qui sont essentiels pour que les contenus linguistiques dans la requête et la réponse de la machine se conforment au style linguistique de la machine.

La stratégie de transition d'expression linguistique, quant à elle, vise à aider les enfants à exprimer progressivement leurs contenus linguistiques de requêtes à travers différents styles de communication. Cette stratégie implique de passer de styles de communication tels que le papier-crayon à un style de saisie de texte au clavier d'ordinateur. Cette transition aide les enfants à s'adapter à l'environnement numérique du codage ou de la programmation, en effectuant le passage d'un style de communication plus traditionnel du papier à un style de communication vers un clavier d'ordinateur.

En combinant ces deux stratégies, ce livre offre une approche complète pour enseigner le codage textuel, garantissant que les enfants non seulement comprennent les règles et structures du langage de codage Java, mais deviennent également compétents dans l'utilisation des différents styles de communication tels que le papier et le clavier pour améliorer leurs styles linguistiques afin de commander ou d'interagir avec une machine telle qu'un ordinateur.

7. STRATÉGIE DES RÈGLES DE CONTENU LINGUISTIQUE

En ce qui concerne la compréhension du style linguistique des machines (qu'attendent les humains d'une machine lorsque des règles écrites sous forme de requêtes textuelles leur sont envoyées?), les enfants apprennent à commander la machine avec des textes écrits dans un langage écrit tel que le langage de codage Java, qui peut ensuite être interprété par les machines. Ces mots ou textes sont appelés codes textuels.

En envoyant des entrées de texte Java ou des codes sous forme de requêtes à une machine, celle-ci peut interpréter ces textes d'un point de vue linguistique et répondre à la demande des enfants pour effectuer une tâche particulière pour la CÉLÉBRATION DE DIWALI. Cette dernière sert de métaphore familière pour connecter les enfants avec le style linguistique de la machine. Dans ce livre, DIWALI en tant que métaphore familière démystifiera des concepts de programmation complexes en concepts analogiques.

Pour que les enfants demandent analogiquement à un ordinateur de réaliser une tâche particulière de DIWALI, ils utiliseront les règles de contenu linguistique de Java, telles que ses vocabulaires ou ses grammaires comme commandes, pour commander l'ordinateur afin d'envoyer leur demande de réaliser une tâche souhaitée. Dans le processus de codage, ces règles de contenu linguistique suivent un flux écrit séquentiel. Comme simple analogie entre les humains et les machines, tout comme les humains utilisent des règles d'action passées, présentes et futures pour écrire des histoires dans un langage écrit à travers un flux; dans le processus de codage, les machines utilisent des concepts de programmation comme un ensemble de règles d'action pour illustrer leurs histoires dans leur flux d'écriture séquentiel. Ces concepts de programmation aident à structurer les histoires que les humains veulent transmettre aux machines dans leurs séquences d'écriture ou de frappe.

Dans ce livre, les concepts de programmation enseignés avec le langage de programmation Java incluent les entrées de base, les sorties de base, les variables, les répétitions (boucles), les instructions conditionnelles (if-else ou if-elif-else), les tableaux et les fonctions. Dans certains exemples de codage, l'intégration de plus d'un concept est également encouragée pour structurer le processus d'écriture. Ainsi, ces concepts en tant que règles de contenu linguistique écrit fournissent une structure textuelle pour que les machines et les humains se comprennent mutuellement.

8. STRATÉGIE DE TRANSITION D'EXPRESSION LINGUISTIQUE (Des contes)

En ce qui concerne la compréhension du style de communication des machines (comment saisissons-nous ou transmettons-nous à une machine et comment sortons-nous ou recevons-nous ces contenus textuels d'une machine?), ce livre propose une approche étape par étape pour écrire des codes de programmation, en commençant par le papier puis en passant à l'ordinateur. Cette stratégie de transition contraste avec la stratégie pédagogique traditionnelle qui privilégie souvent les appareils numériques par rapport au texte écrit papier-crayon. En plus d'une moindre priorité accordée au texte écrit, les appareils numériques peuvent être coûteux et peuvent exclure certains apprenants de l'éducation numérique. Pour relever ce défi, l'auteure introduit une stratégie d'enseignement de transition inclusive pour raconteur des contes.

9. La MISE EN PLACE

Dans ce livre, chaque page représente un conte, et chaque conte est d'abord enseigné sur du papier. Dans chaque conte, les textes pour un concept de programmation sont montrés, et doivent d'abord être écrits sur papier, puis saisis au clavier sur un ordinateur. À mesure que les enfants deviennent à l'aise avec des concepts simples, plusieurs concepts sont combinés pour montrer la complexité des concepts et des textes, les codes Java.

Pour pratiquer les codes Java sur un clavier d'ordinateur, un outil logiciel Java, connu sous le nom d'éditeur logiciel, doit être installé. Avec l'avancée des outils logiciels en ligne disponibles aujourd'hui, les parents peuvent se connecter à Internet et rechercher les mots-clés "éditeur Java en ligne" ou en angliash "online editor for java". N'importe lequel de ces outils logiciels en ligne Java aidera les enfants à taper les codes Java. Si l'accès à Internet n'est pas disponible, les enfants sont encouragés à lire à haute voix ou à écrire les codes ou textes Java sur papier et à poser des questions à leurs parents.

À noter, différents éditeurs logiciels Java peuvent avoir une disposition d'interface différente. Dans le contexte de ce livre, une simple boîte rectangulaire est designée pour communiquer vers les humains.

10. LES OBJECTIFS D'APPRENTISSAGE de ce livre

Les parents qui ne peuvent pas se permettre d'acheter un ordinateur peuvent permettre à leurs enfants d'acquérir d'abord une expérience et des connaissances en écriture au crayon. L' expérience à l'écriture au crayon fera la transition vers la saisie au clavier d'ordinateur à une étape ultérieure du parcours des enfants lorsqu'ils auront l'opportunité de le faire. Un clavier est un mécanisme de communication de code, mais les enfants ne devraient pas être limités dans le développement d'un style linguistique de codage et de compétences en raisonnement s'ils n'en ont pas.

De plus, grâce à ce livre, les enfants peuvent atteindre l'autonomie en découvrant les concepts de programmation et en reconnaissant des motifs qui peuvent être reproduits dans d'autres langages de programmation avancés. Cela est possible grâce à la simplicité du langage Java qui agit comme un ensemble de marches pour découvrir ces motifs. En passant par cet ensemble de marches en Java, les enfants peuvent progresser vers des étapes plus complexes dans d'autres langages avancés tels que Java ou C++. La liste réelle va au-delà de cette liste. Vous pouvez rechercher en ligne pour une liste complète.

En ce qui concerne les terminologies utilisées dans ce livre, des expressions telles que "style linguistique" ou "style de communication" ont été utilisées pour un public profane. Lorsque les enfants passeront de ce livre à des ouvrages avancés, ils relieront le langage métaphorique DIWALI de ce livre à des terminologies techniques plus complexes. Par conséquent, ce livre sert des étapes en tant que série de marches à la fois dans ses terminologies et ses exemples pratiques pour de futurs jalons complexes.

Les ETAPES!

1. <u>Concepts de base en entrée, sortie et variables</u>

```
String resultat = "Diwali";

System.out.println(resultat);
```

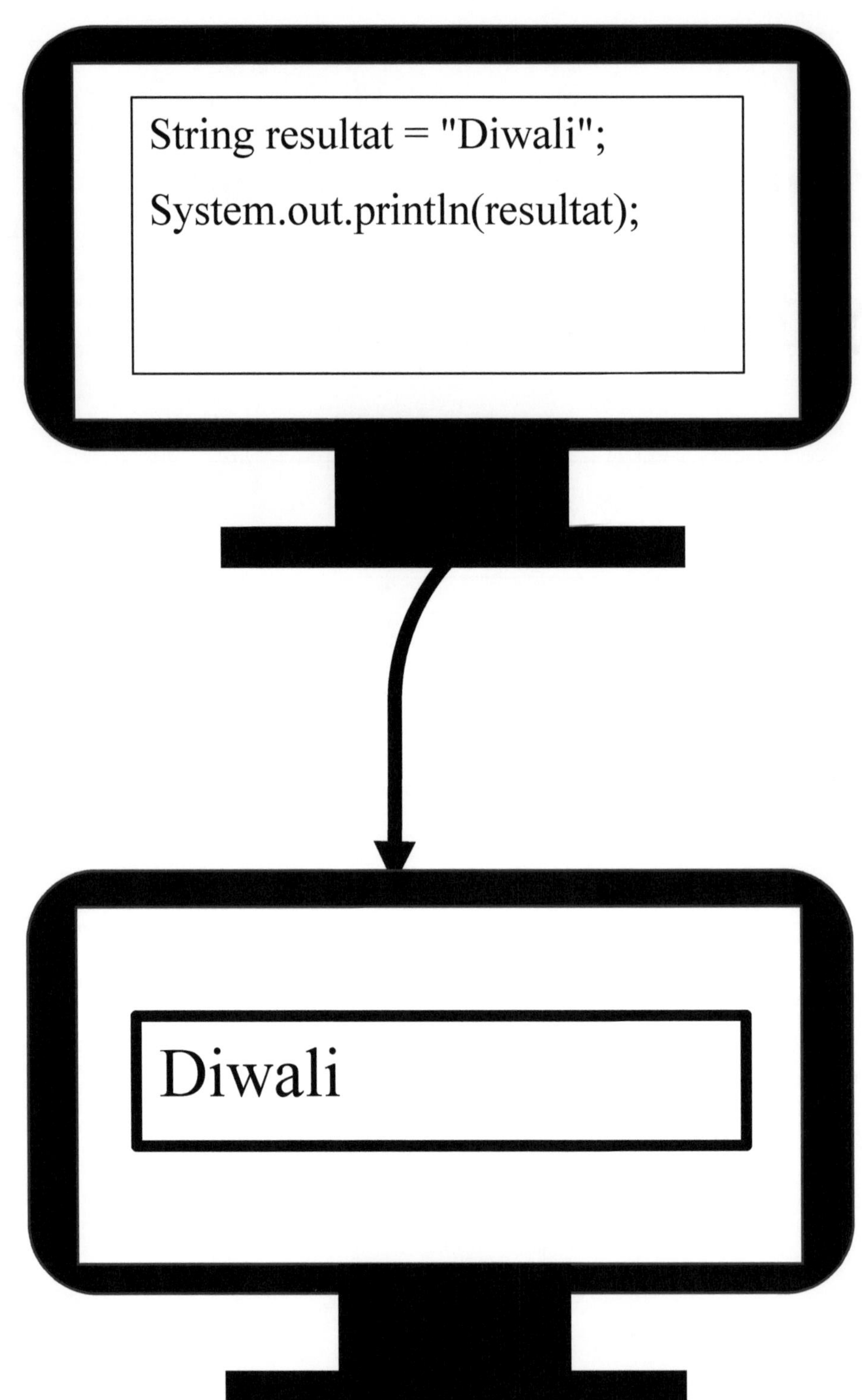

String resultat = "Diwali";
System.out.println(resultat);
Diwali

2. <u>Concept de variables</u>

```
String resultat = "Célébration de DIWALI";

System.out.println(resultat);

String resultat = "Célébration de DIWALI";

System.out.println(resultat);
```

```java
String resultat = "Célébration de DIWALI";

System.out.println(resultat);

resultat = "2024";

System.out.println(resultat);
```

3. <u>Concept de répétition – 1 Boucle (1 loop)</u>


```
for (int number = 0; number < 1; number++) {

         System.out.println("Jeûnez"); }
```

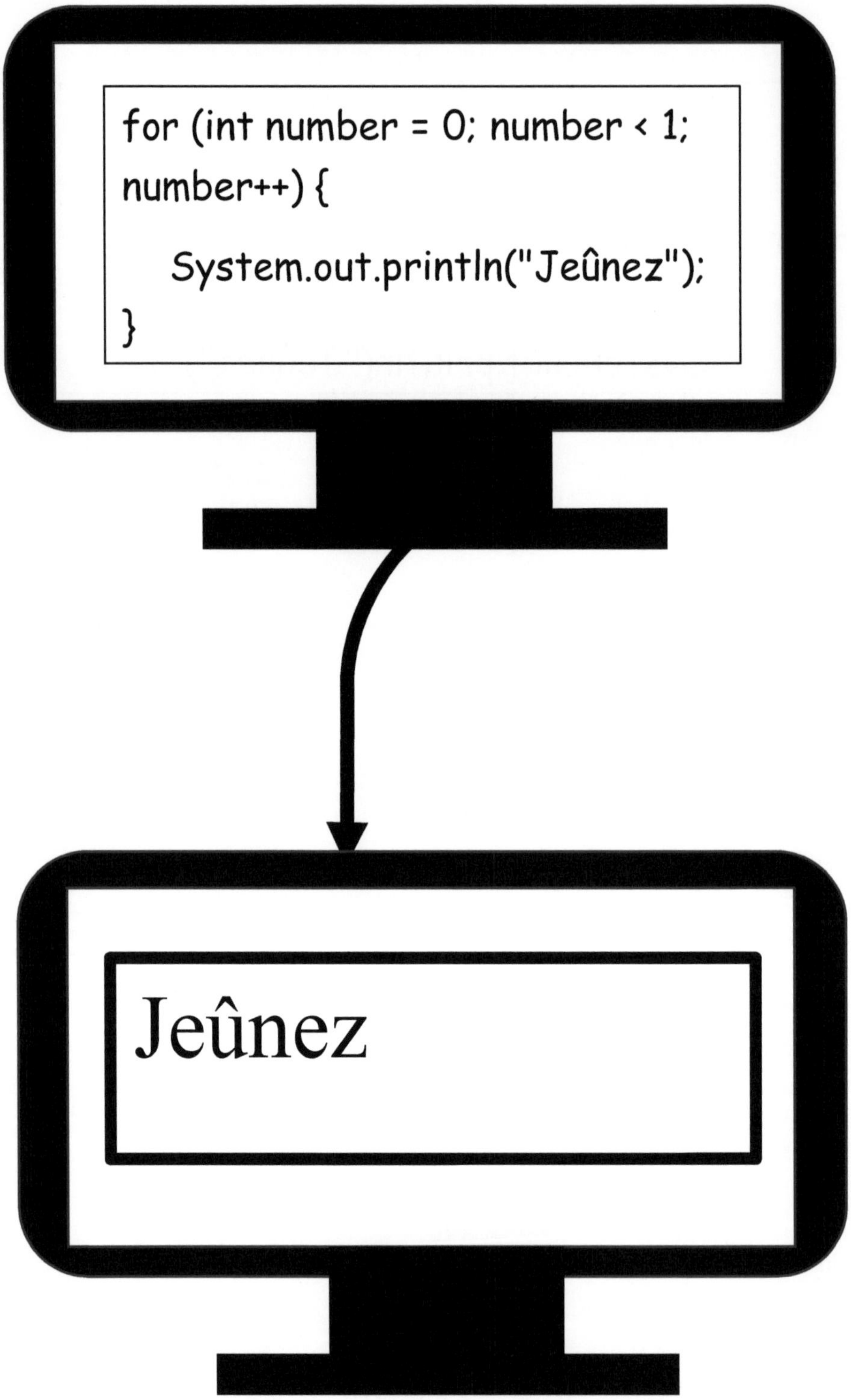

```java
for (int number = 0; number < 1;
number++) {

    System.out.println("Jeûnez");
}
```

Jeûnez

4. <u>Concept de répétition – 2 Boucles (2 loops)</u>


```
for (int number = 0; number < 2; number++) {

            System.out.println("Jeûnez"); }
```

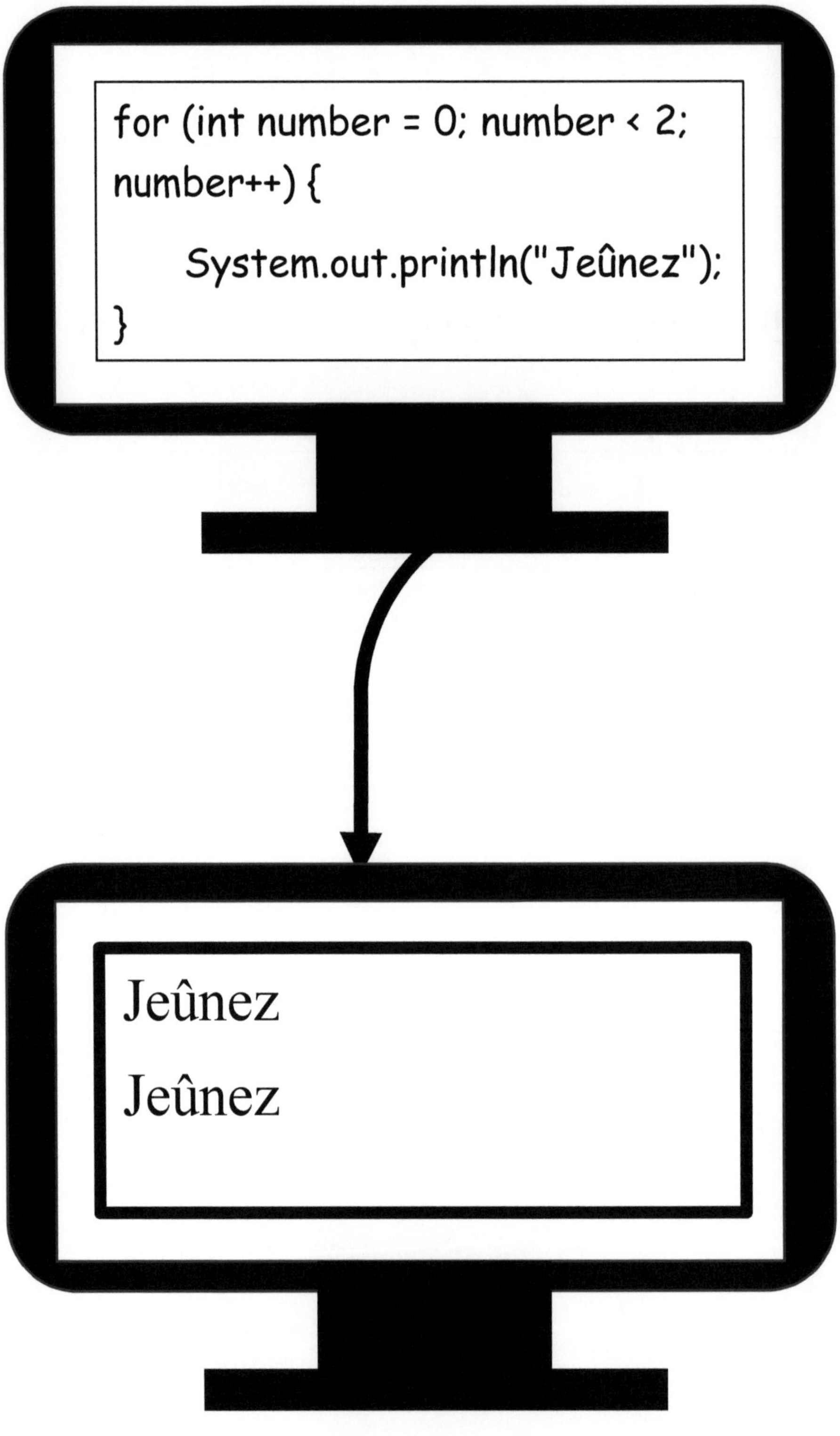

```java
for (int number = 0; number < 2;
number++) {
    System.out.println("Jeûnez");
}
```

Jeûnez

Jeûnez

5. <u>Concept de répétition – 3 Boucles (3 loops)</u>


```
for (int number = 0; number < 3; number++) {

            System.out.println("Jeûnez"); }
```

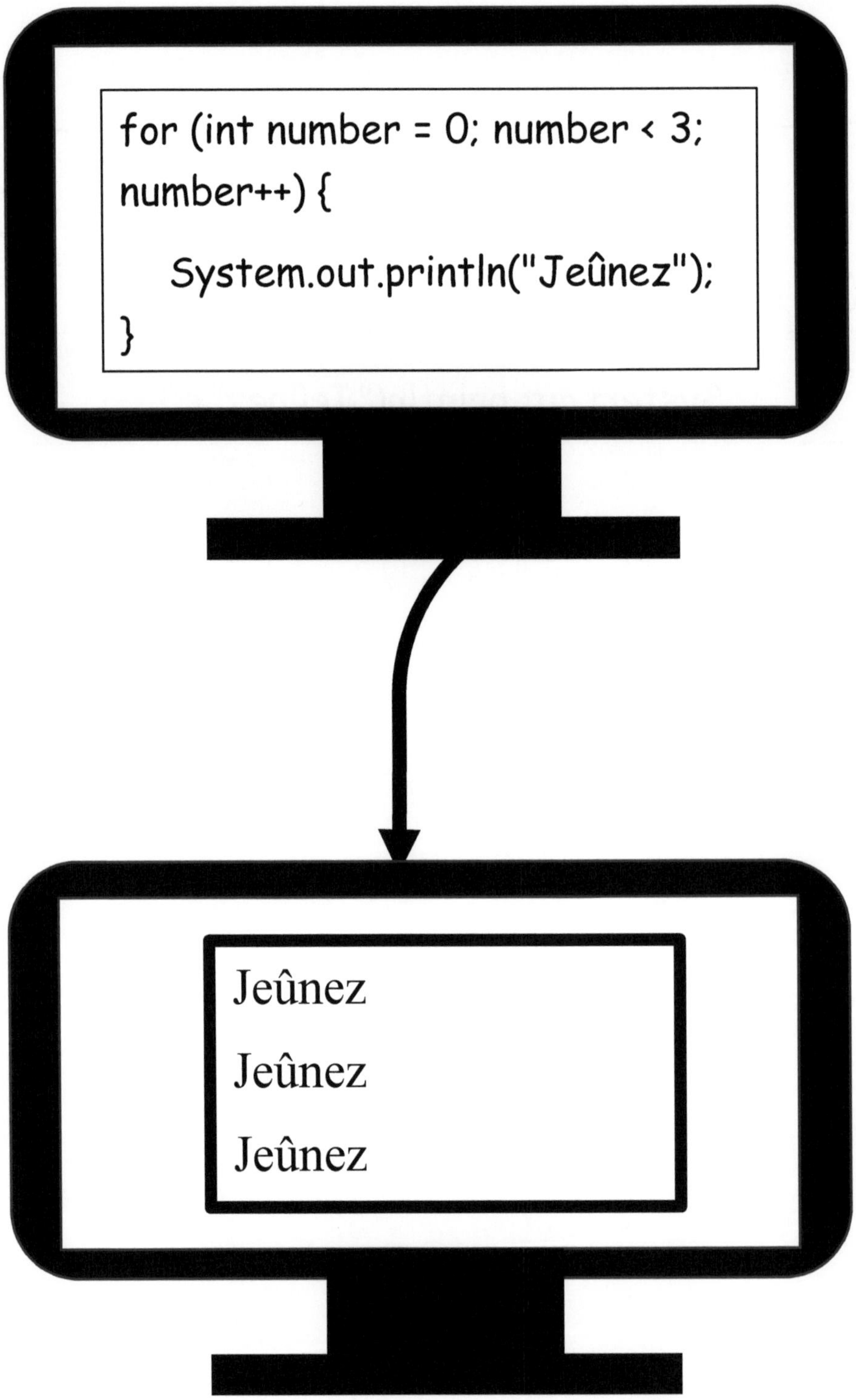

for (int number = 0; number < 3;
number++) {
    System.out.println("Jeûnez");
}

Jeûnez
Jeûnez
Jeûnez

6. <u>Concept de répétition – 6 Boucles (6 loops)</u>

29

```
for (int number = 0; number < 6; number++) {

          System.out.println("Jeûnez"); }
```

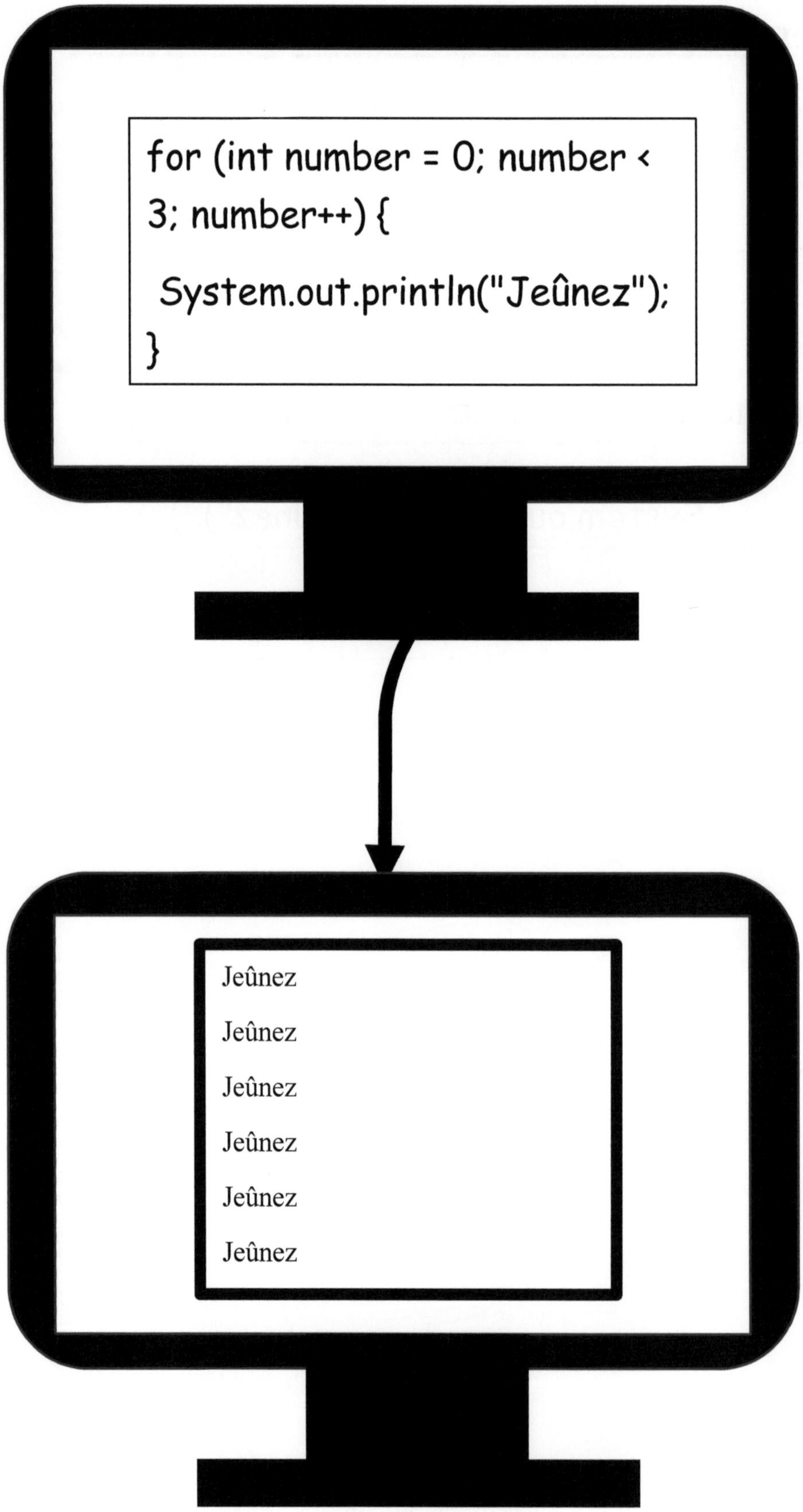

```java
for (int number = 0; number <
3; number++) {
 System.out.println("Jeûnez");
}
```

```
Jeûnez
Jeûnez
Jeûnez
Jeûnez
Jeûnez
Jeûnez
```

7. **Concept conditionnel (si-sinon/if-else)**

```java
String valeur = "lever du soleil";

if (valeur.equals("lever du soleil")) {

        System.out.print("Deepavali");

} else {

        System.out.print("Diwali"); }
```

```java
String valeur = "lever du soleil";
if (valeur.equals("lever du soleil")) {

System.out.println("Deepavali");
} else {
        System.out.println("Diwali");  }
```

8. LECTURE DU if, else if et else

Quand allumez la lampe?

```java
public class Main {
    public static void main(String[] args) {
        String valeur = "coucher du soleil";
        String resultat = "Allumer les lampes";
        String pasdaction = "Pas de lumière allumée";

        if (valeur.equals("coucher du soleil")) {
            System.out.println(resultat);
        } else if (valeur.equals("lever du soleil")) {
            System.out.println(pasdaction);
        } else if (valeur.equals("fin d'après-midi")) {
            System.out.println(pasdaction);
        } else if (valeur.equals("Après le coucher du soleil")) {
            System.out.println(resultat);
        } else if (valeur.equals("La nuit")) {
            System.out.println(resultat);
        } else if (valeur.equals("midi")) {
            System.out.println(pasdaction);
        } else {
            System.out.println(pasdaction);
        }
    }
}
```

9a. LECTURE DES FONCTIONS

```java
// Portez de nouveaux vêtements (Teeshirt)

public class Main {

    public static void nouveauTeeShirt() {
        System.out.println("Nouveau T-Shirt");
    }

    public static void nouvelleRobe() {
        System.out.println("Robe Rose");
    }

    public static void nouveauxPantalons() {
        System.out.println("Pantalons Noirs");
    }


    public static void main(String[] args) {
        nouveauTeeShirt(); // Appelez la méthode
    }


}
```

9b. LECTURE DES FONCTIONS

// Portez de nouveaux vêtements (Robe)

```java
public class Main {

    public static void nouveauTeeShirt() {
        System.out.println("Nouveau T-Shirt");
    }

    public static void nouvelleRobe() {
        System.out.println("Robe Rose");
    }

    public static void nouveauxPantalons() {
        System.out.println("Pantalons Noirs");
    }


    public static void main(String[] args) {
        nouvelleRobe(); // Appelez la méthode
    }


}
```

9c. LECTURE DES FONCTIONS

//Visiter les parents ou la famille

```java
public class Main {

    public static String adresseFamille(String nom) {
        String resultat = "";
        if (nom.equals("lina")) {
            resultat = "adresse1";
        } else if (nom.equals("lajma")) {
            resultat = "adresse2";
        } else if (nom.equals("lima")) {
            resultat = "adresse3";
        }
        return resultat;
    }

    public static void main(String[] args) {
        String resultat = adresseFamille("lima"); // Appelez la méthode et stockez le résultat
        System.out.println(resultat); // Affichez le résultat
    }

}
// RÉPONSE INFORMATIQUE ATTENDUE est 'adresse3'
```

10a. Lecture des Arrays et loops

```
//Rechercher la liste des friandises dans la boîte de
Diwali

public class Main {
    public static void main(String[] args) {
        // Déclaration et initialisation du tableau
        String[] boite = {"burfi", "ladoo", "jalebi"};

        // Boucle for pour itérer sur les éléments du
tableau
        for (int i = 0; i < boite.length; i++) {
            System.out.println(boite[i]);
        }
    }
}
```

<u>Réponses Attendues</u>
burfi ladoo jalebi

10b. Lecture des Arrays et loops

//Rechercher la liste des FRiandises dans la boîte de Diwali

```java
public class Main {
    public static void main(String[] args) {
        // Déclaration et initialisation du tableau
        String[] boite = {"burfi", "ladoo", "jalebi"};
        int nombreMaximumDeFriandises = boite.length;

        // Boucle for pour itérer sur les éléments du tableau
        for (int i = 0; i < nombreMaximumDeFriandises; i++)
{
        System.out.println(boite[i]);
        }
    }
}
```

Réponses Attendues

burfi
ladoo
jalebi

11a. Lecture des Tableaux (Arrays)

```java
//3 boîtes de Diwali à offrir à des amis (première version)

public class Main {
    public static void main(String[] args) {
        // Déclaration et initialisation des tableaux
        String[] boite1 = {"burfi", "ladoo", "jalebi"};
        String[] boite2 = {"rasmalai", "ladoo", "jalebi"};
        String[] boite3 = {"Gulab Jamun", "ladoo", "jalebi"};

        // Affichage des friandises pour Lina
        System.out.println("Offrir des FRiandises à Lina :");
        for (int i = 0; i < boite1.length; i++) {
            System.out.println(boite1[i]);
        }

        // Séparateur
        System.out.println("------suivant-------");

        // Affichage des friandises pour John
        System.out.println("Offrir des FRiandises à John :");
        for (int i = 0; i < boite2.length; i++) {
            System.out.println(boite2[i]);
        }

        // Séparateur
        System.out.println("------suivant-------");

        // Affichage des friandises pour Anjali
```

```java
        System.out.println("Offrir des FRiandises à Anjali
:");
        for (int i = 0; i < boite3.length; i++) {
            System.out.println(boite3[i]);
        }
    }
}
```

<u>Réponses Attendues</u>

Offrir des FRiandises à Lina :
burfi
ladoo
jalebi

------suivant-------
Offrir des FRiandises à John :
rasmalai
ladoo
jalebi

------suivant-------
Offrir des FRiandises à Anjali :
Gulab Jamun
ladoo
jalebi

11b. Lecture des Tableaux (Arrays)

// 3 boîtes de Diwali à offrir à des amis (deuxième version)

```java
public class Main {
    public static void main(String[] args) {
        // Déclaration et initialisation des tableaux
        String[] boite1 = {"burfi", "ladoo", "jalebi"};
        String[] boite2 = {"rasmalai", "ladoo", "jalebi"};
        String[] boite3 = {"Gulab Jamun", "ladoo", "jalebi"};

        // Affichage des friandises pour Lina
        System.out.println("Offrir des FRiandises à Lina :");
        for (String i : boite1) {
            System.out.println(i);
        }

        // Séparateur
        System.out.println("------suivant-------");

        // Affichage des friandises pour John
        System.out.println("Offrir des FRiandises à John :");
        for (String i : boite2) {
            System.out.println(i);
        }

        // Séparateur
        System.out.println("------suivant-------");

        // Affichage des friandises pour Anjali
```

```java
        System.out.println("Offrir des FRiandises à Anjali
:");
        for (String i : boite3) {
            System.out.println(i);
        }
    }
}
```

Réponses Attendues

Offrir des FRiandises à Lina :
burfi
ladoo
jalebi

------suivant-------
Offrir des FRiandises à John :
rasmalai
ladoo
jalebi

------suivant-------
Offrir des FRiandises à Anjali :
Gulab Jamun
ladoo
jalebi

JOYEUSE DIWALI!